81827703R00113

Made in the USA
San Bernardino, CA
11 July 2018